Ulrich Schaffer

Was du von Herzen willst ...

Kaufmann Verlag

Was du von Herzen willst ...

Unsere Zeit ist durch Zerstreutheit charakterisiert. Es geht darum, möglichst vieles auf einmal zu tun. Multitasking nennen wir es. Das Internet macht uns schon fast zu Experten in vielen Bereichen. Durch Facebook sind wir mit der ganzen Welt verbunden. Durch viele Fernsehprogramme und You Tube machen wir überall in der Welt mit. Es wird erwartet. Es ist modern. Es wirkt schon fast reaktionär, sich da herauszunehmen.

Darum ist es besonders schwer, etwas wirklich von Herzen zu wollen, sich zu konzentrieren, sich zu reduzieren, sich auf sich selbst zu besinnen. Zerstreuung ist angesagt. Schnelligkeit wird gewünscht. Überfliegen wird zu einem Lebensstil.

Zu wollen, zu wählen ist ein wunderbares Vorrecht. Es ist das, was uns zu Menschen macht. Wir leben nicht aus unserem Instinkt, sondern aus unseren Entscheidungen. Je bewusster wir sie treffen, desto mehr haben wir das Empfinden, in unserem Leben zuhause zu sein. Auch wenn es manchmal anstrengend ist, ist das unsere Berufung und der tiefe Ursprung unseres Glücks. Es ist der Weg zu uns selbst, zu dem, was uns wirklich wichtig ist. Niemand kann uns den Weg zeigen und letztlich kann uns niemand auf unserem Weg vorangehen.

Ulrich Schaffer

Die Kraft unserer Intention

Die meisten Menschen, die etwas Bleibendes geschaffen haben, die Gewohnheiten durchbrochen und unser aller Entwicklung begünstigt haben mit ihren neuen Wegen, waren Menschen, die eine Vision hatten von dem, was sie erreichen wollten. Sie konnten „sehen", wohin sie wollten, oder spüren, was nötig war. Aber warum sollte die Vorstellung an sich etwas ausmachen? Es geht doch in erster Linie um die Arbeit, die geleistet werden muss, um den Weg zurückzulegen, oder?

Ich glaube, dass, wenn wir unsere Wünsche artikulieren und uns unserer Intention bewusst werden, ein innerer Prozess in Gang kommt, der ungeheure Kräfte in sich birgt. Kräfte, die wir nicht kannten, werden mobilisiert, weil sie jetzt im Dienste von etwas stehen können. Gleichzeitig werden wir in unserer Wahrnehmung offen für das, was unser Ziel begünstigen könnte: Wir erkennen und ziehen das an, was uns hilft. Plötzlich stehen wir in einem anderen Kraftfeld. Wir sind nicht nur so, wie wir uns kannten, sondern ausgelöst durch unsere Intention sind wir fähiger, begabter, begeisterter, engagierter. Wir sind weniger abhängig von Umständen und bestimmen mehr selbst.

Die Frage ist darum am Ende: Was willst du? Was willst du wirklich? Vielleicht ist es möglich, das Leben zu sich hinzubiegen, es sich dienstbar zu machen, wenn wir in der Kraft unserer Intention leben.

Die Konzentration unserer Seele

Wir leben nicht so sehr durch unsere äußere Kraft, sondern durch die Konzentration in unserer Seele. Wir haben die Möglichkeit, uns in uns zu verdichten, dichter zu werden in dem, was wir wollen und wie wir leben. Es liegt an der Entschiedenheit. Wir können zerfleddert leben, mal hier und mal da, ohne wirkliches Empfinden für unseren Kern.

Was für eine Qualität hat unser Wollen? Beim Wollen gibt es eine Haltung, die schon von Anfang an nicht an das Gewollte glaubt. So bringt sie sich vor der Enttäuschung in Sicherheit. Lieber nicht zu sehr wollen – einen Menschen, eine Idee, einen Traum, eine Anschaffung –, damit die Enttäuschung nicht so groß ist. Aber das reife Wollen scheut die Enttäuschung nicht, weil es weiß, dass der Erfolg des Wollens proportional zu der Kompromisslosigkeit des Wollens ist.

Im Sport hören wir immer wieder, dass die Sportpsychologen und mentalen Trainer genauso wichtig sind wie die Körpertrainer – wenn nicht gar wichtiger. Viele Spitzensportler sind in ihren körperlichen Fähigkeiten fast gleich. Wenn aber einer den mentalen Vorsprung hat – wenn einer gezielter und kompromissloser siegen will –, gewinnt er. Ich vermute sogar, dass unser Körper buchstäblich Energie entwickelt und verfügbar macht, wenn unser Wollen stark und gezielt ist. Der Körper folgt den Vorstellungen. Wir wachsen an dem, was wir uns vornehmen. Wir produzieren nur die Energie, die nötig ist, um das zu erreichen, was wir uns vorgenommen haben. Darum erreichen die, die groß träumen, höhere Ziele. Das gilt auch im spirituellen Bereich.

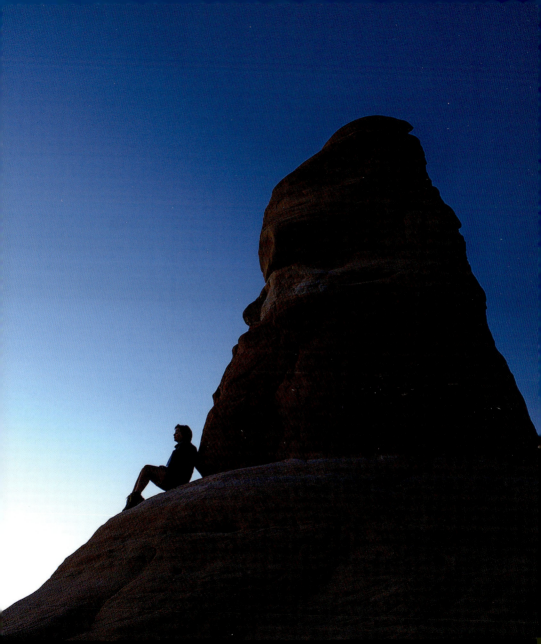

Dies ist die Zeit

Dies ist die Zeit, wo du nicht bist, wie andere sind.
Das Neue entsteht nur noch für dich,
und alles Alte, Wohlbekannte fällt dir vom Leib
wie ein zerschlissenes Hemd.

Wo Wege sind, ist nicht dein Weg.
Wo Worte sind, füllt sich die Welt für dich mit Schweigen.
Wo Nahrung ist, erhält dich nur noch Fasten.
Wo andere fliehen, musst du nach vorne gehen.
Das Alter, das du gefürchtet hast,
ist jetzt dein Sommer, in dem die Seele barfuß tanzt.
Wo andere in der Nacht vergehen,
da blühst du auf im Licht
und eine neue Wahrheit füllt dich an
mit Buntheit, die du kaum erträgst.

So wird dein Werden,
so nimmst du Abschied von dem Bild,
in dem du nicht mehr leben kannst,
und eine Hand, die deine führt,
lässt durch den Pinsel dich ganz anders leuchten.
Du bist erkannt.

Was du dir vorstellst

Es wird geschehen.
Wir werden, wie gewohnt,
wieder einen Fuß vor den anderen setzen.
Der Himmel wird verhangen sein
durch Scheu oder mit Regenwolken.
Wir werden müde sein, wie gerade jetzt,
und der Kühlschrank wird fast leer sein
wie der Postkasten oder die Mailbox.
Wir werden versuchen
die Nachrichten zu vergessen,
diesen Regen von Tod und Kummer.
Dann wird es geschehen.
Was es sein wird, bestimmst du.

Vielleicht ist es schon geschehen
oder geschieht in einem fort,
aber du merkst es nicht,
weil du es dir nicht vorgestellt hast.

Der Mut zur Begrenzung

Wichtig, vielleicht wichtiger, als wir denken, ist, sich im Leben zu begrenzen, nicht in seiner Sicht, wohl aber in der Vielfalt, mit der wir meinen, alles tun zu müssen, was an uns herangetragen wird. *Nein* zu sagen ist eine Kunstform. Es ist schwer, sie zu lernen, in einer Welt, in der man schon das Ja, die Zusage, von uns erwartet, weil es zum guten Ton gehört.

Die Begrenzung ist eine Erweiterung. Wir kennen den Gedanken, dass weniger mehr ist. Verstehen wir ihn und haben wir ihn in uns aufgenommen? Ich kenne es vom Schreiben: Ich neige dazu, noch eine Zeile mehr in einem Gedicht zu schreiben, die Beschreibung in einem Roman noch ausführlicher zu gestalten. Aber oft ist das Mehr dann weniger.

Oder ich will überall mithalten, in allem eine Art Experte sein und kann am Ende fast nichts, weil ich alles nur halb kann. Sich an einer Stelle festzulegen, öffnet eine ganze Welt für uns. Man bohrt durch die Oberfläche der Erde, um zu dem Schatz zu gelangen. Je jünger man ist, desto unterschiedlichere Dinge versucht man. Man probiert dies und jenes, man macht hier und dort mit, man meint diesen und jenen noch kennen zu müssen, man liest, studiert, betrachtet und verarbeitet dies, das und noch etwas anderes. Dagegen ist grundsätzlich nichts zu sagen. Aber wenn wir durch dieses Überfliegen nicht in die Tiefe vordringen und den Schatz finden, dann ist es ein zu hoher Preis. Dann bleiben die Schätze, die wir heben, klein.

Damit wir enttäuscht werden

Vielleicht ist es auch wichtig, etwas von Herzen zu wollen, sozusagen alles auf eine Karte zu setzen – damit wir enttäuscht werden. Ja, damit wir enttäuscht werden. In der Enttäuschung wird geläutert, was wir wollen. Als Kinder haben wir etwas anderes gewollt, als wir jetzt wollen. Diese Entwicklung war wichtig und sie geht weiter, bis wir sterben – wenn wir uns bewusst dieser Entwicklung aussetzen und nicht irgendwann aufhören zu wachsen. In ihr schält sich heraus, was wichtig ist und für was wir etwas einsetzen wollen. Wenn wir immer alles wollen, geschieht dieser Prozess nicht.

Darum ist jede Enttäuschung eine Chance, tiefer zu gehen, umfassender zu denken und das abzulegen, was uns bei dieser Vertiefung behindert. Auch hier ist das Gute Feind des Besseren.

Es gibt die Überlegung: Wenn wir für den Rest unseres Lebens auf eine einsame Insel müssten, welche Bücher würden wir mitnehmen? Die Insel ist unser Leben, die Bücher sind das, was wir wollen. Vielleicht gibt es am Ende nur ein Buch oder einen Satz. Dabei geht es nicht um den Satz, sondern um den Prozess, den wir durchlaufen, um den Satz zu finden. In dem Sinne hat das Leben kein Ziel, sondern es selbst ist sein Ziel. Ich rede nicht darüber, was danach mit uns geschieht. Das ist eine andere Frage.

Was ich tue

Ich durchquere den Fluss
und schüttle die Angst ab.
Ich stütze mich auf ein Wort
und werde mutig.
Ich halte mich an die Nacht
mit dem neuen Sichelmond
und dunkle weiter nach.
Ich berühre dich
und erkenne die Sehnsucht.
Ich halte die Arme an den Seiten
und stehe zu meiner Schüchternheit.
Ich sehe mich fliegen
und muss schnell landen.

Das sind die Dinge, die ich tue,
manchmal wie von weit her
und mit letzter Kraft.
Aber ich tue sie.

Lernen loszulassen

Ich lerne zu begreifen, dass das Leben nicht eine fremde Größe ist, etwas, was außerhalb von mir oder ohne mich geschieht. Ich bin das Leben. Darum glaube ich auch, dass man das Leben zu sich hinbiegen kann. Man kann es sich dienstbar machen. Ich gehe davon aus, dass nichts festgelegt ist, nichts ist in Stein gehauen und endgültig. Das Leben entsteht durch meine Gedanken und Handlungen, aber auch durch das, was ich nicht tue. Mich zurückzuhalten ist genauso wichtig wie vorzupreschen. Mit beidem forme ich das Leben, ich gebe ihm die Gestalt. Ich bin der Architekt meines Lebens.

Aber ich glaube auch, dass sich das Leben nicht zwingen lässt. Es gibt gewisse Lebensgesetze, die unumgänglich sind. So wie es diese Gesetze für die äußere Welt gibt, so gibt es sie auch für die innere Welt. Es sind Gesetze. So gibt es Phasen, in denen wir zurücktreten müssen und die Dinge geschehen lassen. Es ist die andere Seite des Etwas-von-Herzen-zu-Wollen. Loszulassen, ist eine der schwersten Taten. Nichts zu tun, kann uns manchmal alles abverlangen, und zu Recht. Es mag das sein, was wir noch lernen müssen.

Im Loslassen setzen wir Energie frei für das, was wir wollen. Langsam lassen wir den Kleinkram unseres Lebens hinter uns oder identifizieren ihn zumindest als das. Wir verkaufen und verzetteln uns nicht mehr.

Was wir nur möchten, scheitert leicht

Der Titel dieses Heftes heißt „Was du von Herzen willst ..." – nicht, was du nur möchtest. Was wir möchten, ist oft schon zum Scheitern verurteilt, eben weil wir es nur möchten. Es ist ein schwaches Modalverb. Vielleicht wollen wir uns so vor der Enttäuschung über ein mögliches Misslingen absichern. Wir möchten vieles, was wir nicht wirklich wollen. Wir meinen nur, es wollen zu sollen. Es ist ein halbherziger Einsatz. Es steckt keine Begeisterung, keine Spannung, kein Engagement dahinter und damit auch keine Ausdauer und kein Durchhaltevermögen. Darum ist es nicht verwunderlich, wenn das Gewünschte nicht eintritt.

Etwas wirklich zu wollen nimmt den ganzen Menschen in Anspruch. Wir wollen es mit unserem Verstand, mit unserem Herzen, mit unserem Körper. Etwas nur gedanklich zu wollen – ohne den entsprechenden Einsatz zu machen – hat keine Chance. Dafür gibt es in der Welt zu viele, die schon längst etwas für uns wollen. Es mögen unsere Freunde sein, die ganz gerne – vielleicht sehr subtil – über uns verfügen möchten. Vielleicht meinen sie uns sogar „retten" zu müssen. Oder es könnten Firmen sein, die uns ihre Produkte verkaufen möchten. Oder Priester, Ärzte, Therapeuten, die uns gern ihre Vorstellung von der Welt angedeihen lassen möchten. Da hat unser Möchten keine wirkliche Chance. Sie werden uns mit ihren Angeboten überfluten und bestimmen. Dagegen müssen wir schon unseren Willen und unsere Überzeugung setzen.

Querfeldein

Ich verlasse den achtfachen Pfad,
die zwölf erkennbaren Stufen,
die sechs wiederkehrenden Lebensbegriffe
und die acht unfehlbaren Prinzipien,
um querfeldein und sogar auf dem Wasser zu gehen,
weil ich am Horizont ein Licht gesehen habe,
an dem mein Leben hing,
und nur meins.
Da wollte ich hin.
Da fügte sich überraschend
jenseits der Weisheit von Büchern
ein Bild zusammen,
auf dem ich nichts erkannte.

Genau in dem Moment
flogen bei mir zuhause Fenster und Türen auf
und aus dem Keller kam ein tiefes Geräusch,
das ich später als meine eigene Stimme erkannte,
die mich fragte,
was ich mich schon immer fragen wollte:
Was ist das Eine, das du wirklich willst?

Klarheit

Was, wenn das, was wir wollen, falsch wäre? Das ist unsere Angst, und darum machen wir alles vorsichtig. Wir setzen nicht viel ein und verlieren darum auch nicht viel – so scheint es wenigstens –, aber wir können auch nicht viel gewinnen. Ich glaube sogar, dass wir durch diese Einstellung sehr viel verlieren, weil wir vor uns selbst nicht klar und deutlich leben. Um keine groben Fehler zu machen, mauscheln wir vor uns hin und machen damit den größten Fehler. Unser Leben ist lauwarm – weder heiß noch kalt. Dabei ziehen wir meistens auch lauwarmes Leben an.

Wenn wir etwas wollen, merken wir schneller, wenn es uns nicht weiterführt. Viele Menschen wollen nichts wirklich und darum wird ihnen nie oder selten klar, dass das, was sie tun, sie nicht weiterbringt. Sie tun es ohne Überzeugung und darum ist die Enttäuschung kleiner, aber gerade darum erkennen sie nicht die Sackgassen, in die sie immer wieder gehen. Der fehlende Einsatz lässt nichts deutlich werden – weder das Gute noch die Fehler.

Entschiedenheit bringt Klarheit und in der Klarheit sehen wir, was wir tun. Etwas wird entschieden. So sind wir wie Steine, die in einem Fluss stehen. Das Wasser muss rechts oder links an ihnen vorbei. Man muss sich an uns entscheiden. Wenn wir so leben, ziehen wir Menschen an, die auch von der Klarheit und Durchsichtigkeit angezogen werden. Ich glaube, das deutlichere Leben ist das gelungenere Leben.

Die Reise

Lass die Wege ruhig zuwachsen,
lass die Sprache ihre Sprache verlieren,
lass die Bücher zufallen,
lass die Vorsicht und die Nachsicht fahren,
an denen sich die Lüge emporrankt,
lass die verwelkende Blume in dem Staub ihrer Samen,
lass die Erklärungen für deine Unvollkommenheit,
lass alle Sprüche.

Am Ende wirst du zu dir finden, weil es nicht anders geht.
Deine eigene Erleuchtung ist eine Straße:
durch die Felder, an den Bergen vorbei,
um den See herum, an der Küste entlang,
bis du vor dem Haus stehst,
das du gebaut hast, und dich hereinbittest.
Auch die Umwege haben zu dir geführt,
zu den Händen, in denen du liegst,
und dem Licht, das auf dem Haus ruht.
Nichts davon musst du dir verdienen mit Kriechen und Bitten.

Du musst nicht beweisen, dass du gut bist.
Es war immer dein Geschenk an dich,
auch wenn du es nicht wusstest.

Beschenktwerden

Etwas zu wollen schließt auch immer ein, etwas geschehen zu lassen. Etwas zu wollen heißt nicht, mit dem Kopf durch die Wand zu gehen. Die Welt ist ein Geschenk an uns. So verstehe ich Gnade – wir werden beschenkt, wir werden gesegnet. Woher die Geschenke kommen, ist hier nicht wichtig.

Die Spannung zwischen dem Tun und dem Geschehenlassen ist eine wunderbare, zarte, vorsichtige Sache. Ich glaube, wir lernen sie bis an unser Lebensende. Ich übe es, mich nicht zu überfordern, aber auch nicht zu unterfordern. Bei dem einen verwöhne ich mich, an dem anderen zerbreche ich. Aber nur was du willst, kannst du loslassen. Was dir ohnehin gleichgültig ist, ist dir gleichgültig.

Aber indem ich etwas wirklich will, schaffe ich ein Kraftfeld, in dem auch das Beschenktwerden aktiviert wird. Ich mache mich bereit. Wenn ich weiß, was ich will, und merke, dass ich es nicht erreiche, aktiviere ich meine Sehnsucht und damit meine Offenheit für das Beschenktwerden, für den Segen. Der Segen erreicht die Bereiten. Es ist wichtig, an der Stelle zu sein, wo der Segen ausgegossen wird. Durch meine Sehnsucht werde ich selbst zu der Stelle. So ist etwas wirklich zu wollen am Ende kein Kraftakt, sondern eine Kontaktnahme mit den Bedürfnissen der eigenen Seele. Es ist ein Hören und Achten auf die Kraftfelder des Lebens.

In der Reihe
LAHRER GESCHENKHEFTE
sind bisher erschienen:

Ulrich Schaffer:
…weil du einmalig bist · …weil du dein Leben entscheidest
Wage es, Grenzen zu sprengen · Weil du einmalig bleibst · Was der Tag mir schenkt
Wege · Halte fest an dir · Lass dich los · Was wir brauchen ist Liebe
Das Glück des Augenblicks · Ich begleite dich · Ja · Nein · Du
Für eine neue Welt · Ich glaube an unsere Zukunft · Als ich mein Herz auftat
Höre nicht auf, anzufangen · Wofür sich zu leben lohnt
Wage zu leben · Von innen leben · Was du von Herzen willst

Peter Klever:
Leben wünsch ich dir · Ich sah mehr als Steine · Vor uns das Leben

Andreas Pohl:
du und ich · Du bist ein wundervolles Geheimnis
Ich schenke dir ein gutes Wort · Geheimnis des Zuhörens
Wenn du mit dem Herzen schaust · Spüre das Leben · Nach innen wachsen
Wovon die Seele lebt

Claudia Meißner:
Worte des Trostes für die Zeit der Trauer · Von Herzen wünsch ich dir
… weil du ganz besonders bist

Ruth Rau:
… weil du kostbar bist · Spüren, was bleibt · Kraftquellen für dein Leben
Liebe jeden neuen Tag

Susanne Scharrer:
Die Morgenröte wärme dein Herz · Entdecke das Leben · Die Hoffnung wiederfinden

Andere Autoren:
Sonnengesang · Du bist liebenswert

1. Auflage 2014
© 2014 by Verlag Ernst Kaufmann, Lahr
Dieses Heft ist in der vorliegenden Form in Text und Bild urheberrechtlich geschützt.
Jede Verwertung ist ohne Zustimmung des Verlags Ernst Kaufmann unzulässig und strafbar.
Dies gilt insbesondere für Nachdrucke, Vervielfältigungen, Übersetzungen, Mikroverfilmungen
und die Einspeicherung und Verarbeitung in elektronischen Systemen.
Text und Fotos: Ulrich Schaffer
Printed by Leo Paper
ISBN 978-3-7806-1243-4